Empecemos el Acolchado

con

Alex Anderson

Seis Proyectos Para Principiantes

C&T PUBLISHING

© 1997, 2001 Alex Anderson
Editor de desarrollo: Liz Aneloski
Editores técnicos: Diana Roberts y Carolyn Aune
Editor de copia: Stacy Chamness
Corrector: Maria Mercado
Director de diseño: Diane Pedersen
Diseñadora de portada: Christina Jarumay
Diseñadora del libro: Staci Harpole
Diseñadora de Producción en Español: Kathleen Tandy
Asistente de producción: Stephanie Muir
Ilustradores: Donna Yuen y Stephanie Muir
Fotografía: Sharon Risedorph
Estilista de Fotografía de Plato: John Vitale
Fotografía de portada: John Bagley y Richard Tauber
Estilista de portada: Diane Pedersen y John Vitale
Traducción: Yvonne Longsworth

Publicado por C&T Publishing, P.O. Box 1456, Lafayette,
California 94549

Atención Maestros:
C&T Publishing, Inc., los alienta para que utilicen este libro
como texto para sus cursos. Para más información sobre
el C&T Teachers Program, comuníquese por teléfono al
800-284-1114 o por vía electrónica a www.ctpub.com.

Ponemos mucha atención en asegurar que la información
incluida en este libro sea precisa y presentada de buena fe,
pero no hay caución ni se garantizan los resultados. Debido
a que no tenemos control sobre el material o procedimientos
utilizados, ni la autora ni C&T Publishing, Inc. se hacen
responsables por pérdidas o daños causados de forma directa
o indirecta a personas o entidades por la información
contenida en este libro.

La marca (MR) y la marca registrada (®) son utilizadas a través
de este libro. En vez de usar estos símbolos en cada ocurrencia
de una marca o marca registrada, utilizamos los nombres
únicamente en forma editorial y a beneficio del dueño, sin
alguna intención de infracción.

Library of Congress Cataloging-in-Publication Data

Anderson, Alex.
    [Start quilting with Alex Anderson. Spanish]
    Empecemos el acolchado con Alex Anderson : seis poryectos
para principiantes.--2.ed.
        p. cm.
    ISBN 1-57120-253-6
    1. Patchwork--Patterns. 2. Quilting--Paterns. 3.
Patchwork quilts.
I. Title.
    TT835.A523417 2003
    746.46--dc22
                                    2003055824
Impreso en China

10 9 8 7 6 5 4 3 2 1

Dedicación

Este libro está dedicado a USTED, la artesana
de acolchado de mañana. Que su jornada en
acolchado sea llena de creatividad y alegría.

Contenido

Introducción 4

Instrumentos 6
Cortador giratorio, tapete para cortador
giratorio, regla para cortador giratorio, tijeras,
alfileres, hilos descosedor, plancha, máquina
de coser

Telas 7
El tejido de la tela, preparación de la tela

Lo Básico 9
Decisiones decisiones decisiones, corte con el
cortador giratorio, prendido, costura, desbaratar
costuras, planchado, ajustes, bordes, planeando
el acolchado, forro, relleno, capas, hilvanado,
acolchado, ribete

Proyectos 20
Colcha de Barda de Carril (Rail Fence Quilt) . .20
Colcha de Nueve-Parches Variación
(Nine-Patch Variation Quilt) 23
Colcha de Cabaña de Troncos Variación
(Log Cabin Variation Quilt) 27
Colcha de Estrella de la Amistad
(Friendship Star Quilt) 30
Colcha de Gansos Voladores
(Flying Geese Quilt) 33
Colcha de Muestras (Sampler Quilt) 37

Sobre la Autora 40

Agradecimientos

Gracias a:

Todd y Tony Hensley por su apoyo continuo; Liz Aneloski
por mantenerme en línea y por ser tan generosa con su tiempo;
Mark Aneloski por ser la paloma mensajera de mi proyecto; Paula
Ried por permitir entregas a la última hora del plazo con una
sonrisa; Olfa, Omnigrid, P&B Textiles y Moda Fabrics por
proveer productos excelentes; Cindy Carvalho y mis amigos en
Alden Lane Nursery por su ayuda y apoyo; John Vitale por su
vista creativa; mi familia por aguantar mi vida loca; y finalmente,
pero de igual importancia, la prima Lauren Marlotte que hace
unos pasteles maravillosos de semilla de amapola.

Introducción

Una colcha es como un emparedado. Tiene tres capas:

La superficie se hace normalmente de telas de algodón 100% cortada en piezas de varios tamaños, que después se cosen a mano o a máquina. *Esto se conoce como el proceso de unir los fragmentos.*

La segunda capa se llama el relleno. Normalmente se usa poliéster o algodón.

Para la tercera capa o el forro, se usa tela de algodón 100%. La tela de algodón normalmente mide 42 pulgadas de ancho, por lo tanto, si la superficie es más grande que esta medida es necesario unir piezas de tela para obtener la medida debida para el forro.

Las tres capas se cosen a máquina o manualmente, uniendo los tres componentes (la superficie, el relleno y el forro) para formar una sola pieza. Esto se llama acolchado.

Me acuerdo de la primera colcha que hice. Mi abuela empezó una colcha llamada El Jardín de la Abuela, en los años 1930, y se alegró mucho cuando expresé el deseo de terminarlo. Lo que no sabía es que me faltaban un mes y una unidad para graduarme de la universidad y que había contratado un proyecto para cumplir mi compromiso. No solo tenía la fantasía de un título universitario en arte, pero también soñaba con acurrucarme debajo de mi colcha hecho a mano, tamaño "queen," en una fría noche invernal. No hace falta decir que me titulé pero con una colcha del tamaño de un tapete de baño. Había planeado ser tejedora pero visiones de colchas bailaban en mi mente. Como dicen, "lo demás es historia." Soy artesana de acolchado de por vida.

Amo las colchas y durante las últimas dos décadas, he tenido la gran fortuna de participar en el renacimiento y en la evolución del acolchado como una forma de arte sofisticada, con muchas avenidas donde explorar. En el programa "Simply Quilts" en el canal Home and Garden© (del cual soy la presentadora), presentamos expertos en acolchado que comparten sus más novedosas técnicas y enfoques en la materia. Esta artesanía se hace cada vez más innovadora, y siempre hay nuevos métodos en el horizonte. ¡Me acuerdo cuando se introdujeron los cortadores giratorios al mundo del acolchado, y ahora podemos generar colchas por computadora y hasta copiar imágenes para reproducir nuestra propia tela!

Se discute con frecuencia si es que esta artesanía consagrada ha llegado a su culminación. ¿Habrá nuevos artesanos en acolchado allá fuera? ¡La respuesta es *sí* y es *usted!* A menudo me preguntan dónde debería empezar la persona interesada en el acolchado. Por eso decidí escribir este libro para que el principiante empiece con lo básico. Usted debe recordar que hay muchos enfoques en el acolchado,

Barda de Carril
(Rail Fence)

Cabaña de Troncos - Variación
(Log Cabin Variation)

Nueve-Parches
(Nine-Patch)

Nueve-Parches - Variación
(Nine-Patch Variation)

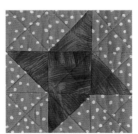

Estrella de la Amistad
(Friendship Star)

Gansos Voladores
(Flying Geese)

ninguno mejor que el otro, solo diferentes.
Lo que este libro ofrece es una introducción al mundo del acolchado utilizando el cortador giratorio, al contrario de las plantillas que usaba mi abuela, con seis sencillas colchas colgantes que se pueden completar usando seis cuadros terminados de 6 pulgadas. Las telas que se requieren deben medir 42 pulgadas de ancho.

Barda de Carril

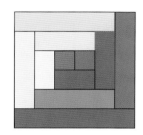

Cabaña de Troncos - Variación

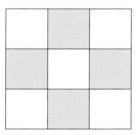

Nueve-Parches

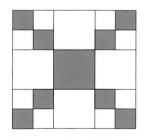

Nueve parches - Variación

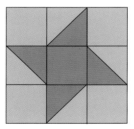

Estrella de la Amistad

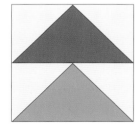

Gansos Voladores

Recomiendo que comience con un proyecto pequeño para su primera colcha. Podrá terminarla y se sentirá exitosa. Me he dado cuenta que cuando un principiante comienza con un proyecto grande, todo el proceso se torna abrumador, y ya sea que se dé por vencido o pierde el gusto por el proceso. Además, si comienza con algo pequeño, podrá empezar otra colcha más pronto.

He escogido seis patrones usando las formas más básicas que utilizan los artesanos en acolchado todo el tiempo: cuadrados, rectángulos, y triángulos.

Cuadrado   Rectángulo   Triángulo

Si usted ve que realmente goza haciendo uno de estos patrones, puede hacer más cuadros de lo requerido, para completar una colcha del tamaño que quiera. Las dimensiones que siguen son medidas únicamente de la *superficie* de un colchón. Para determinar el tamaño de su colcha debe incluir en sus cálculos la parte que va a colgar sobre los lados del colchón.

Medidas estándar de colchones:

Cuna Tres-Años:	23" x 46"
Cuna Seis-Años:	27" x 52"
Individual:	39" x 75"
Matrimonial:	54" x 75"
Cama "Queen":	60" x 80"
Cama "King":	76" x 80"

Espero que al hacer estos proyectos se vaya familiarizando con lo básico, y que se convierta en un amante del acolchado como me sucedió a mí. Buena suerte, y no me culpe si su familia nunca le vuelve a ver el blanco de los ojos—ya se irán acostumbrando.

Instrumentos

A los amantes del acolchado, les encantan los aparatos, y cada año se incorporan más aparatos al mundo del acolchado. Su primera visita a la tienda de acolchado o a la sección de acolchado de la mercería, podría ser agobiarte. Hay que decidir muchas cosas al comprar los aparatos necesarios para comenzar la colcha. La siguiente lista nos proporciona lo más básico para comenzar. Muchos de estos productos varían en tamaño. Debe comprar los tamaños recomendados. Después podrá adquirir tamaños diversos, pero los siguientes son los más apropiados para empezar. La inversión inicial le parecerá costosa, pero estos instrumentos le van a servir por muchos años si los utiliza con cuidado. (Consulte las páginas 17 y 18 para las provisiones del acolchado.)

Cortador Giratorio
Esta es una navaja redonda montada sobre un mango de plástico. Este instrumento es sumamente peligroso y debe mantenerse fuera del alcance de los niños. Yo recomiendo un cortador de tamaño mediano (45mm).

Tapete Para Cortador Giratorio
Este es un tapete que se cierra solo y debe usarse en conjunto con el cortador giratorio. Yo les recomiendo un tapete de tamaño mediano o grande y de marca Olfa®. El tamaño mediano es muy bueno para empezar o para llevar a la clase de acolchado. El tapete grande es más versátil. Con el tiempo querrá tener ambos. Mantenga el tapete alejado de los rayos directos del sol y nunca lo deje dentro de un automóvil caliente. El calor hace que se tuerza e inutiliza al tapete.

Regla Para Cortador Giratorio
Esta regla fue diseñada para usarse en conjunto con el cortador giratorio y con el tapete del mismo. Tiene una red marcada en incrementos de $1/8$ pulgada en ambas direcciones y es lo suficientemente grueso para que no se corte cuando se usa con el cortador giratorio. Con el paso del tiempo tendrá muchas reglas, pero para empezar le recomiendo la de la marca Omnigrid de 6 x 12 pulgadas. Quite la envoltura de plástico antes de usarla.

Tijeras
Utilice tijeras de 4 o 5 pulgadas de largo con punta filosa. Se usan para cortar hilos superfluos y las puntas de costura conocidas como orejas de conejo ("bunny ears").

Alfileres
Utilice alfileres extra-largos, delgados y con cabeza de vidrio. Estos son más caros, pero los baratos son gruesos y causan deformaciones al alinear los márgenes. (Yo me surto cuando los alfileres buenos están de oferta).

Hilos
Conviene utilizar hilo de algodón de buena calidad. Puede utilizar uno del mismo color de la tela, uno de color gris neutral o uno de color café claro.

Descosedor
No quisiera parecer negativa, pero hasta las personas con más experiencia utilizan un descosedor. Debe comprar uno de buena calidad (los puede distinguir por el precio). Los baratos no tienen buen filo y hacen que se estire la tela y causan más problemas de lo que valen.

Plancha
Puede usar la que tiene en el ropero, pero a lo largo le conviene adquirir una de vapor muy caliente. El planchado correcto es muy importante para lograr el éxito en el acolchado.

Máquina de Coser
Tal como con los automóviles, hay muchas marcas en el mercado. A la larga ésta puede ser su adquisición más importante. Pero para su primera colcha necesita una que funcione bien, que tenga buena tensión, puntada uniforme y una aguja bien afilada de tamaño 80.

¡Eso es! Los demás instrumentos ya serían ganancia. Sin embargo, si usted es como las demás artesanas de acolchado, algún día se va asombrar al ver su cuarto de costura. Con todo lo que ha gastado, podría pagar la colegiatura en la facultad de medicina para su primogénito. Pero Shhh, no le diga a nadie.

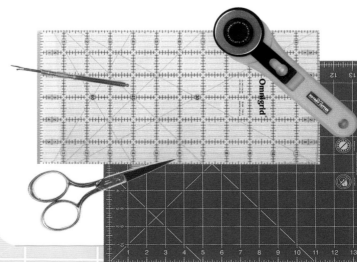

Telas

En todas partes del mundo hay tiendas de acolchado y es ahí donde podemos conseguir las mejores telas de algodón 100%. Las telas estampadas a nuestro alcance se fabrican con textiles de varias calidades. Conviene usar la mejor calidad que encuentre. Las telas de algodón más baratas son tejidas con menos hilos por pulgada, y solo le causarán problemas ya que se estiran y distorsionan. Evite las combinaciones de algodón y poliéster. Se encogerán ante sus ojos al planchar las formas.

Como colectora y amante ferviente de las telas, la idea de empezar desde el principio es algo extraño para mí. Al reflexionar, me doy cuenta de que no tuve confianza para escoger las telas hasta después de haber hecho varias colchas. La tela dictará el carácter y el atractivo de su colcha. Cada colcha en este libro usa un enfoque diferente en la selección de las telas, y de esto se habla al comienzo de cada proyecto. Cuando haya decidido qué aspecto quiere para su colcha, hay dos reglas vitales que debe seguir:

1. Siempre debe usar telas de color claro, mediano y oscuro. Fíjese cómo el Ejemplo B está compuesto únicamente de color mediano. Le falta el vigor que tiene el Ejemplo C. Las telas de color mediano tienden a ser las más atractivas, pero haga un esfuerzo para integrar colores claros y obscuros. Cuando se usan colores claros, medianos y obscuros, su colcha tiene más brillo.

2. Use telas con variedad en el carácter de los dibujos estampados. Esto se refiere al diseño y el tamaño del dibujo. A menudo las artesanas de acolchado empiezan esta artesanía con una imagen de cómo deben verse las telas para el acolchado—estampados pequeños. Cuando se usa solamente una clase de dibujo, puede parecer que su colcha tiene viruela. ¿Ve usted cómo el Ejemplo C se ve más interesante que el A? Esto se debe a que el Ejemplo C no solo tiene colores claros, medianos y obscuros, sino también tiene telas con diferentes tipos de estampado o de texturas visuales. Hay telas estampadas con dibujos fabulosos y colores deliciosos a nuestro alcance. Nunca juzgue una tela por como se ve en la tienda. No estamos haciendo ropa. Acuérdese que cuando la tela esté cortada en pedazos se verá diferente.

> Haga este truco: Tome un pedazo cuadrado de cartón, de 4 pulgadas, y corte un agujero de 2 pulgadas cuadradas en el centro. Póngalo sobre la tela para ver qué aspecto tendrá cuando se use en un parche.

No tema usar telas que la hagan sentir incomoda. Acuérdese que no va vestirse con esa tela, la va cortar en pedacitos para hacer una colcha. Experimente. Así fue como llegué a querer y a entender las relaciones con las telas.

A

B

C

El Tejido de la Tela

Cuando la tela se produce, se tejen los hilos en dos direcciones, para crear el largo y el ancho de la tela. Esto se conoce como la vena de la tela. Si se corta diagonalmente a través del tejido (en pedazos triangulares), se está trabajando al bies. Las orillas al bies deben coserse y plancharse con cuidado, ya que se estiran fácilmente. Las orillas terminadas a lo largo de la tela se llaman bordos. Siempre debe quitar los bordos ya que pueden causar distorsión del bloque y son difíciles de acolchar manualmente.

Tejido Recto de la Tela

Preparando la Tela

Hay muchas opiniones sobre si debe o no lavar la tela antes de usarse. Mi filosofía es que sí se debe lavar, y aquí hay tres razones.

1. Cuando se lava una colcha, la tela de algodón 100% se encoge causando distorsiones y arrugas.

2. Algunas veces los colores obscuros se despintan, manchando los colores claros de la colcha. Esto define la expresión "corazón roto".

3. Las telas se tratan con sustancias químicas, y no pienso que sea saludable aspirar estas sustancias mucho tiempo. Cuando no lavo la tela de antemano, me encuentro respirando con dificultad.

> Siempre debe lavar por separado las telas obscuras y las claras.

Si está trabajando con telas obscuras (las rojas y las moradas son muy sospechosas), haga una prueba con su tela, cortando un cuadrito de 2 pulgadas y poniéndolo en agua hirviendo. Fíjese si se despinta. De ser así, debe remojar su tela en Retayne®, en Synthopol®, o en una solución mitad vinagre y mitad agua. Seque y pruebe de nuevo. Si aún se despinta la tela, repita el proceso. Si la tela sigue despintándose, tírela. Podría arruinar su colcha.

Lo Básico

Decisiones, Decisiones, Decisiones

Para empezar, escoja alguno de estos bloques, Barda De Carril, Cabaña De Troncos Variación, Nueve-Parches, o Nueve-Parches Variación Doble.

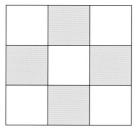

Barda de Carril

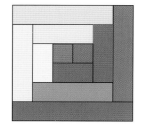

Cabaña De Troncos Variación

Nueve-Parches

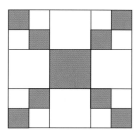

Nueve-Parches Variación Doble

Estos patrones están hechos de figuras cortadas sobre la vena de la tela y no se estiran ni se distorsionan al trabajar con ellos.

Después de completar alguno o todos los bloques de arriba, debe intentar Estrella de la Amistad o Gansos Voladores.

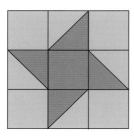

Estrella De La Amistad

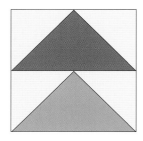

Gansos Voladores

Estos bloques son un poco más desafiantes porque son formas triangulares. Cuando se trabaja con triángulos se corre el riesgo de que la tela se estire por los bordes en bies. Si se equivoca una que otra vez, no se preocupe. Este es un proceso de aprendizaje. Disfrútelo.

Cortando Con El Cortador Giratorio

Me fascina cortar con el cortador giratorio. Por favor practique esta técnica con un retazo de tela antes de comenzar su proyecto.

Cortando una Tira

1. Para cortar tiras, doble la tela orilla sobre orilla y después doble el doblez hacia las orillas. Esto le dará cuatro capas para cortar a la vez. Mantenga la vena de la tela en línea recta.

Doble la tela

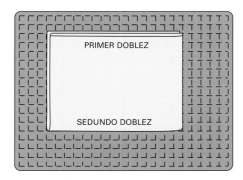

Se debe alinear la orilla de la tela con la red del tapete.

2. Posicione la tela sobre el tapete, manteniendo cada lado de la tela en línea con la red del tapete. (Evite que la tela cuelgue sobre las orillas de la mesa.)

3. Las marcas de la regla deben alinearse con la red del tapete. Para cuadrar las orillas disparejas, coloque la regla pulgada sobre las orillas de la tela. Tenga cuidado al colocar sus dedos para que ninguno salga del lado de la regla donde estará cortando. Ponga el dedo meñique sobre el lado extremo de la regla. Esto protege su dedo y, a la vez, mantiene inmóvil la regla.

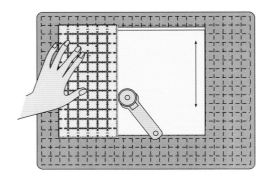

Diestro

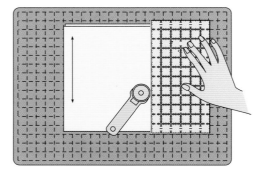

Zurdo
Ubicación de la regla para cortar una tira
con el cortador giratorio.

4. Coloque el cortador junto la orilla de la regla. Oprima el botón de seguridad exponiendo la navaja. Cortando en dirección opuesta a su cuerpo, corte de un solo paso todo lo largo de la tela, para quitar las orillas disparejas.

5. Corra la regla 2 pulgadas hacia dentro para cortar otra tira, alineando la marca de 2 pulgadas de la regla con la orilla de la tela. Las líneas horizontales de la regla deben alinearse con las redes horizontales del tapete y el doblez de la tela. Corte la tira de 2 pulgadas. Practique este ejercicio algunas veces hasta dominar la técnica. Siga este proceso hasta tener todas las tiras que necesita para su proyecto de acolchado.

Si las tiras que corta son más anchas que la regla, utilice las redes del tapete como guía.

> Retracte la navaja del cortador giratorio después de cada corte. Las navajas son muy filosas. Este es una buena costumbre que debe desarrollar desde un principio.

Cortando un Cuadrado

1. Coloque la tira de 2 pulgadas horizontal, paralela o sobre una de las líneas de la red del tapete. Puede cortar 4 cuadrados a la vez (4 capas), o puede abrir un doblez de la tira para cortar 2 bloques a la vez. Corte las orillas de la tela, tal como se hizo en los pasos 3 y 4, pero solamente corte hasta $1/8$ pulgada para cuadrar los extremos de la tira.

2. La marca vertical de 2 pulgadas de la regla debe alinearse con la orilla de la tela para cortar un cuadrado de 2 pulgadas. La línea horizontal de la regla debe alinearse con la red horizontal del tapete y con el doblez de la tela. Corte el cuadro de 2 pulgadas. Practique esto algunas veces hasta dominarlo. Siga este proceso para cortar los cuadrados o rectángulos que necesite para su proyecto de acolchado.

Si el bloque de tela que está cortando es más grande que su regla, utilice las redes del tapete para cortar una tira más ancha.

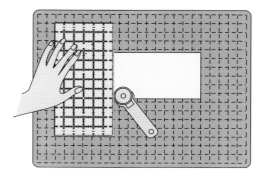

Diestro

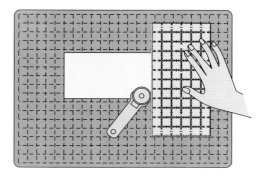

Zurdo

Ubicación de la regla para cortar un bloque
con el cortador giratorio.

Prendiendo

Conforme vaya conociendo artesanos y técnicas de
acolchado, conocerá a unos que prenden y a otros
que no. Me he dado cuenta que el poco tiempo que
se toma para prender puede determinar el éxito del
bloque. Básicamente, se debe prender donde haya
costuras y esquinas que deban alinearse. Estas son
algunas guías:

1. Cuando se alinean costuras que han sido
planchadas en dirección opuesta, prenda un alfiler
en ambos lados de la costura sin exceder $1/8$ pulgada
de cada lado.

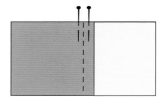

Prender las costuras planchadas en dirección opuesta.

2. Si tiene dos partes de una figura que requieren
alineación exacta, prenda el primer alfiler al
lado contrario del lado A (exactamente en la
intersección), insertándolo al derecho del lado B
(exactamente en el margen de $1/4$ pulgada). Oprima
la cabeza del alfiler firmemente entre ambas
intersecciones.

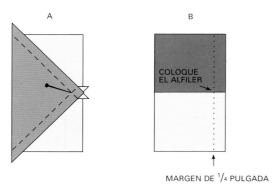

A   B

COLOQUE
EL ALFILER

MARGEN DE $1/4$ PULGADA

Prender dos puntos de una figura para alinear con exactitud.

3. Mantenga firme el alfiler mientras coloca el
segundo y tercer alfiler en ambos lados de la
intersección, sin exceder $1/8$ pulgada de distancia del
primer alfiler. Permita que el primer alfiler cuelgue
libremente.

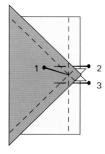

1   2
3

Colocar el segundo y el tercer alfiler.

4. Conforme cosa y vaya llegando a la intersección,
quite el primer alfiler al último momento y deje
caer la aguja en ese hoyo. Si su máquina no cose
sobre alfileres fácilmente, quite el segundo y el
tercer alfiler inmediatamente antes de coser sobre
ellos. Esto me parece una gran técnica y los animo
para que desarrollen esta costumbre.

Costura

Ajuste la máquina para que la puntada sea lo suficientemente larga, para permitir la introducción del descocador fácilmente entre puntadas. No son necesarias las puntadas al revés para los proyectos de este libro, ya que todos los extremos de las costuras estarán unidos a otras costuras.

Margen de ¼ de Pulgada

Para coser la superficie (la primera capa) de la colcha, siempre debe usar un margen de ¼ de pulgada. Todas las figuras de este libro están cortadas con el margen incluido. Coloque su regla transparente debajo de la aguja y baje el prensatelas, después baje la aguja manualmente sobre la marca de ¼ de pulgada. Marque esta medida con un pedazo de cinta adhesiva angosta, utilizando la orilla de la regla como guía. Muchas máquinas de coser tienen un prensatelas con medida exacta de ¼ de pulgada. Si la de usted lo tiene, ya salió ganando.

Conforme vaya cosiendo, utilice esta marca de cinta para guiar el margen de la costura. Este es un paso extremadamente importante para asegurar exactitud. Tome el tiempo para ajustar la medida de ¼ de pulgada de su máquina. El "ahi se va," como dice mi hijo, solo le dará yardas de frustración.

¼ DE PULGADA

Según las recomendaciones de Sally Collins de Walnut Creek, California, para verificar su marca de ¼ de pulgada, debe cortar dos tiras de tela de 1 x 3 ½". Haga una costura a lo largo para unir las dos tiras. Planche y mida la costura. La unidad cosida debe medir 1½" de ancho. Si esto no le da un buen resultado, trate de nuevo hasta encontrar la medida perfecta de ¼" de su máquina.

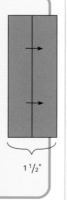

1½"

Descosiendo los Márgenes

Algunas veces querrá descoser algún margen. Corte cada tercer punto de un solo lado de la tela, después levante el hilo del otro lado de la tela.

Si tiene un margen de dos orillas sesgadas, tal como en el bloque llamado Gansos Voladores en la página 34, considere desechar la pieza y empezar de nuevo. La probabilidad que se estiren las piezas sesgadas es casi del 100%. Si esto sucede, las orillas no se alinearán al unirse con el otro bloque.

Planchado

Esta es una parte muy importante del acolchado. Muchos principiantes toman esta parte del acolchado como si estuviesen planchando el lavado de la semana. Las costumbres viejas no se rompen fácilmente. Pero debe aprender esta técnica si quiere tener colchas exquisitas.

1. Planche sobre una superficie dura (una tabla de planchar con un solo cojín). Los márgenes de las costuras se planchan hacia un solo lado (no abiertos). Planche según indican las flechas de las instrucciones. Esto ayuda la alineación en la creación del bloque.

PLANCHAR   PLANCHAR

Planchar en dirección de las flechas.

2. Al planchar las costuras, planche las piezas unidas hacia el lado exterior de la tela. Esto previene la formación de pliegues en las costuras.

Ajustes

En todos los proyectos de este libro, los bloques se colocan en línea recta para formar la superficie de la colcha. Una colocación recta es la más fácil, y por lo tanto, la mejor manera de empezar. Los bloques se colocan con los lados verticales y horizontales en línea con las orillas de la colcha y no diagonalmente (en punto como se dice en el mundo del acolchado). Primero arregle los bloques a su gusto, después cosa los bloques en filas y planche. Ya que estén cosidas las filas, cosa cada fila con la siguiente. Planche como indican las flechas.

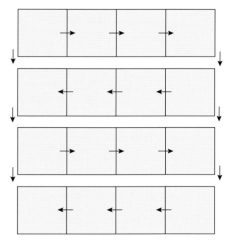

Planchado para conjunto recto

Bordes

1. Una vez cosida y planchada la superficie de la colcha, debe medirla de arriba hacia abajo por el centro y de un lado al otro. Compare sus medidas con las de las instrucciones. Si sus márgenes de $1/4$ de pulgada están mal, aquí es donde se dará cuenta. Si sus medidas están bien, corte sus bordes según las medidas indicadas.

Mida a través del centro.

2. Si sus medidas no están de acuerdo con las instrucciones, corte lo largo de los bordes conforme sus medidas, y lo ancho según las instrucciones. Se puede encontrar el centro de la superficie de su colcha y el centro del borde de arriba, si los dobla a la mitad y los prende juntándolos por el lado derecho. Prenda las orillas del borde con las esquinas de la superficie de la colcha a cada 2 pulgadas. Cosa y planche, siguiendo las flechas del planchado. Repita lo mismo para el borde de abajo.

3. Mida la superficie de su colcha de arriba hacia abajo a través del centro, incluyendo los bordes. Corte las tiras de los bordes laterales con esta medida para lo largo, y para lo ancho use las medidas que dan las instrucciones. Para unir los bordes laterales a la colcha, prenda y cosa según las instrucciones anteriores. Planche.

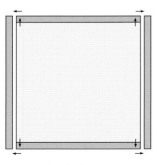

Borde Interior

4. Repita las instrucciones anteriores para los bordes exteriores.

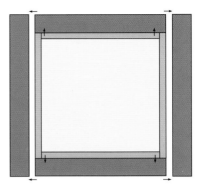

Borde Exterior

Nota: Si su colcha resulta ser más larga verticalmente que horizontalmente, como con la colcha de Estrella de la Amistad (página 30), quizá le convenga cortar y adjuntar los bordes laterales primero para ahorrar tela.

Cuando haya completado la superficie de su colcha, debe tomar una decisión sobre la siguiente fase de su jornada. Los siguientes son las consideraciones finales que debe tener.

Planeando la Colcha

El acolchado es la unión por costura de las tres capas de la colcha. Ya es hora de decidir cómo va a acolchar—manualmente o a máquina. Yo prefiero acolchar manualmente ya que rinde un producto más suave y casero. Le sugiero que tome el tiempo para intentar acolchar manualmente. Siempre he disfrutado del acolchado manual y me he dado cuenta de que las colchas acolchadas manualmente se ven especiales. Sin embargo, es mucho más tardado este proceso, y si su colcha va a ser una que los niños van a jalar por todos lados, o si va a cubrir una cama en la que brincan los perros (yo conozco estas situaciones), debe intentar acolchar a máquina. Su decisión se determinará según el aspecto que quiere lograr y el destino que le vaya a dar a la colcha.

Diseño del Acolchado

Para su primer proyecto le recomiendo que mantenga el acolchado lo más sencillo posible. Quizá le convenga empezar acolchando "en la zanja". Esto se hace acolchando lo más cercano a la costura del margen, de lado opuesto al planchado. Es una gran manera de empezar para el principiante. Sus puntadas estarán escondidas, dándole el tiempo necesario para perfeccionar su técnica de acolchado. También me gusta usar una red para cubrir completamente la superficie. Si se fija con cuidado en los proyectos de este libro, se dará cuenta que también he usado algunos diseños básicos de acolchado para añadir interés, utilizando plantillas de plástico. (Estas plantillas se pueden conseguir en su tienda de acolchado local, en la exposición de acolchado, o de alguna revista de acolchado). Después, en su carrera de acolchado, quizá le sea útil tomar un curso donde aprenda a crear sus propios diseños de acolchado. Por ahora, "en la zanja," la red básica, o una plantilla sencilla le servirán muy bien.

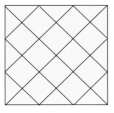

Acolchando una red

INSTRUMENTOS PARA MARCAR: Yo uso un lápiz plateado Verithin^MR o gis blanco. El lápiz plateado permanece por más tiempo y el gis se borra fácilmente. Nunca use un lápiz de grafito regular, tal vez no se borre nunca.

> Siempre debe probar su instrumento marcador en un pedazo de su tela antes de marcar la superficie completa, para asegurarse de que las marcas puedan borrarse.

Una cinta adhesiva angosta de $1/4$ pulgada es una buena manera de marcar líneas rectas. Ponga la cinta en el lugar deseado y haga sus puntadas al ras de la cinta (sin perforarla).

Creando una Red Básica

Las superficies de todas las colchas de este libro están basadas en bloques de 6 pulgadas. Haga marcas en incrementos de 2 pulgadas alrededor de los bloques terminados y utilice la regla para marcar levemente las líneas con su instrumento marcador.

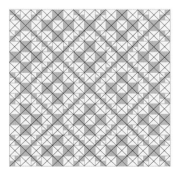

Red de acolchado marcado sobre el bloque
Nueve-Parches Variación

Si decide incorporar el uso de una plantilla, como el que usamos en el borde de la colcha Barda de carril (página 20), ponga la plantilla encima y calque el diseño de la plantilla.

El Forro

Todos los proyectos de este libro miden 42 pulgadas o menos. Esto elimina el problema de tener que pedacear el forro. Si se entusiasma demasiado haciendo bloques y resulta que la superficie de su colcha mide más de 42 pulgadas, tendrá que unir varios pedazos de la tela del forro para crear una pieza lo suficientemente ancha para cubrir la superficie de su colcha. Se pueden usar diferentes telas para hacer un forro. Puede ser tan divertido como decidir cuáles telas usar para la superficie de su colcha. Aquí hay ciertas cosas que debe tener en mente:

1. Siempre debe lavar la tela y cortar los bordos antes de coser las piezas, ya que son difíciles de acolchar manualmente y los márgenes no se mantienen planos.

2. Si la superficie de su colcha tiene mucho blanco, tal como la de Nueve-Parches variación en la página 23, use colores claros para el forro, para que no se vea a través del relleno hacia la superficie.

3. Siempre haga el forro unas cuantas pulgadas más grande que la superficie de su colcha, por los cuatro lados. Esto le servirá en caso de que la superficie se mueva durante el acolchado.

> Nunca debe utilizar una sábana o un pedazo de tela de decoración para hacer el forro. Tienen fibras múltiples en el tejido y son difíciles de acolchar manualmente.

El Relleno

Para acolchar manualmente, recomiendo empezar con relleno delgado de poliéster. Hace que la puntada del acolchado sea más fácil de aprender.

Para acolchar a máquina, recomiendo usar un relleno de algodón 100%. Asegúrese de seguir las instrucciones por si necesita lavarse antes de usar.

Las Capas

Para una colcha chica, trabajo sobre una mesa. Para una colcha grande, trabajo sobre la alfombra (ésta debe ser lisa). Para empezar, ponga el forro *boca abajo* y sujételo. Si lo pone sobre una mesa, sujételo con cinta adhesiva. Si lo pone sobre la alfombra, sujételo con alfileres grandes ("T pins"). Trabaje desde el centro hacia las esquinas, manteniendo la vena de la tela en línea recta y estirando el forro con firmeza. No permita que se formen burbujas ni ondas, a fin de evitar dobleces y pliegues en la parte trasera de su colcha terminada.

Pegar el forro con cinta adhesiva.

Desenrolle con cuidado el relleno y alíselo sobre el forro. Corte el relleno del mismo tamaño que el forro. Coloque la superficie de la colcha boca arriba sobre el relleno, alíselo.

Hilvanado

Para Acolchado Manual

Haga un nudo al extremo del hilo y cosa con puntadas grandes a través de las tres capas.

> Nunca debe hilvanar con hilo de color, ya que el colorante del hilo puede despintarse en la tela.

No se moleste en hacer un nudo al otro extremo del hilo. Cuando llegue el momento de desbaratar el hilván, solo tendrá que darle un pequeño jalón al nudo que ya tiene, para sacar el hilo.

Me gusta hilvanar en forma de red (aproximadamente cada 4 pulgadas), para que haya uniformidad en el hilván por toda la colcha. Nunca economice con esta parte del proceso. Sería un desastre después, ya que su colcha podría resbalarse y moverse durante el proceso de acolchado.

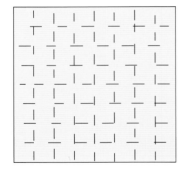

Hilvanar en forma de red.

Para Acolchado a Máquina

Al contrario del acolchado manual, debe prender cada 3 pulgadas con seguros. Prenda uniformemente por toda la colcha, evitando los lugares donde irán las puntadas del acolchado.

Acolchado

Acolchado Manual

Para acolchado manual va a necesitar:

MARCO: La pregunta más importante que se hacen los principiantes al embarcarse en el acolchado manual es: ¿realmente necesito un marco que se coloca sobre el piso? La respuesta es ¡sí y no! Un marco provee una tensión excelente y mantiene su colcha plana y cuadrada. Sin embargo, es una inversión substantiva y antes debe averiguar si le gusta el acolchado manual. Ya sabrá cuando sea necesario invertir en un marco para acolchado. Cuando eso sucede, búsquelo en las tiendas y exposiciones de acolchado y asegúrese de que tenga los siguientes tres componentes: control excelente de tensión, estabilidad y fácil instalación. Por lo tanto les recomiendo empezar con un marco redondo de 16 pulgadas. Debe ser un marco para acolchado, nunca use uno para bordado ya que no es lo bastante fuerte.

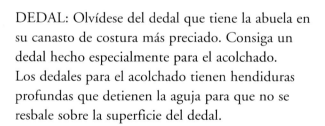

DEDAL: Olvídese del dedal que tiene la abuela en su canasto de costura más preciado. Consiga un dedal hecho especialmente para el acolchado. Los dedales para el acolchado tienen hendiduras profundas que detienen la aguja para que no se resbale sobre la superficie del dedal.

HILO: Hay una gran variedad en el mercado, pero debe asegurarse de que esté hecho especialmente para acolchado manual. Estará marcado en el carrete y es más grueso que el hilo de costura normal.

AGUJAS: Las agujas para acolchar se llaman "betweens." Empiece con una #9, y conforme vaya aprendiendo las puntadas, pruebe un número más alto. Mientras más grande el número, más pequeña la aguja. Yo uso un #11.

Puntadas Para Acolchado Manual

El acolchado manual se hace con una puntada corrida sencilla.

Para empezar:

1. Ponga la colcha hilvanado en el marco con la superficie boca arriba. Siempre trabaje del centro de la colcha hacia afuera, para mantener las capas alisadas y para evitar pliegues. Debe asegurar que el forro esté tan tenso como la superficie; después afloje todas las capas un poquito (empujando hacia adentro del marco con la mano), para que pueda manipular la aguja.

2. Ponga un nudo sencillo en el hilo. La aguja debe perforar la superficie de la colcha y el relleno, y no el forro, a una pulgada de donde quiera empezar las puntadas. Jale el hilo suavemente, corriendo la uña de su dedo gordo sobre el nudo para ayudar a que pase por las dos capas. Esto se conoce como "enterrando" el nudo.

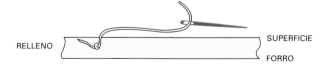

RELLENO SUPERFICIE FORRO

Entierre el nudo

3. Un dedal es obligatorio, aunque le parezca incómodo al principio llegará a ser su instrumento más valioso. El dedal se usa normalmente en el dedo del corazón. Las hendiduras del dedal detienen el punto desafilado de la aguja, mientras que con su dedo gordo por encima y su otra mano por debajo, trabajan juntos para formar cerros y

valles por los que pasará la aguja. Esto se conoce como puntada de balanceo.

4. Al llegar al final de su hilo, haga otro nudo sencillo y entiérrelo entre las tres capas. Jale hacia arriba el hilo sobrante y córtelo con cuidado.

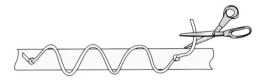

Entierre el nudo y corte el hilo.

Acolchado a Máquina

El acolchado a máquina es un arte en sí mismo. Con la práctica, el acolchado a máquina puede ser una bella adquisición para sus colchas.

Para acolchado a máquina se necesita:

PRENSATELAS LIBRE: Cuando se hace el acolchado a máquina, las capas de tela y el relleno no corren parejo, lo que causa pliegues en la parte trasera de la colcha. Un prensatelas libre ("Walking Foot"), ayuda a resolver este problema.

HILO: Use hilo de algodón 100% en colores que armonicen con la superficie de la colcha (normalmente un color intermedio).

SEGUROS: A diferencia del acolchado manual, debe prender cada 3 pulgadas con seguros. Hay seguros hechos especialmente para el acolchado a máquina. Son pequeños (#1) y todos del mismo tamaño.

Para comenzar acolchando a máquina, cosa en la zanja o en una red. (Consulte la página 14.) Al principio o final de cada fila, cosa sobre revés algunos puntos. Debe coser una fila horizontal y otra vertical para sujetar las tres capas. Después trabaje del centro hacia afuera, acolchando las líneas restantes. Cuando termine la parte central de la colcha, cosa en la zanja (alrededor de las costuras de los bordes) y haga un acolchado en los bordes si lo desea. Busque diseños especiales para acolchado a máquina.

Su colcha debe tener soporte por los cuatro lados. Debe acolchar sobre una mesa grande. Puede usar una tabla de planchar ajustada a la altura de su mesa por el lado izquierdo y perpendicular a la mesa.

Idealmente, su máquina debe estar hacia adentro de la mesa para crear un espacio nivelado.

Ribete

Corte el relleno y el forro al ras con la orilla de la superficie de su colcha. El ribete mantiene las tres capas juntas, y casi siempre es la parte que más se maltrata cuando una colcha le gusta a todos y se usa mucho. Hay varias maneras de atender el tema del ribete. Yo compartiré la manera más sencilla con usted; después usted querrá experimentar con otras técnicas.

1. Corte 2 tiras de $2^{1}/_{4}$ x 42 pulgadas. Córtelas a la medida de lo ancho de la colcha, de lado a lado,

más 1 pulgada para el recorte. Si su colcha mide más de 42 pulgadas de ancho, tendrá que unir algunas tiras para conseguir el largo deseado. Haga esta unión al bies como muestra el dibujo. Esto evita que se forme un bulto en el ribete.

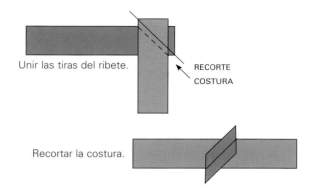

Unir las tiras del ribete.

RECORTE
COSTURA

Recortar la costura.

2. Doble y planche a lo largo.

Doblar y planchar.

3. En la parte de arriba de la colcha, debe alinear las orillas burdas del ribete con la orilla burda de la colcha. Permita que el ribete se extienda $1/2$ pulgada más allá de las esquinas de la colcha. Cosa usando un margen de $1/4$ de pulgada. Haga esto en las partes de arriba y abajo de la colcha.

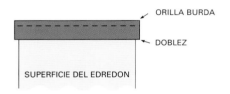

ORILLA BURDA

DOBLEZ

SUPERFICIE DEL EDREDON

Cosa el ribete a la superficie de la colcha.

4. Doble la orilla del ribete hacia el forro para cubrir las orillas burdas y haga un dobladillo que se cose

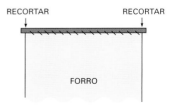

RECORTAR   RECORTAR

FORRO

Cosa el ribete y recorte.

manualmente con puntos escondidos. Recorte los extremos como indica el dibujo.

5. Corte otras dos tiras de $2^{1}/_{4}$ x 42 pulgadas. Para los dos lados restantes de la colcha, mide lo largo de la colcha de arriba hacia abajo. Recorte las tiras a esta medida, más $1/2$ pulgada para el doblez. Cosa el ribete y haga un doblez en los extremos para que se vean terminadas las orillas, antes de coser al forro. Coser con puntos escondidos.

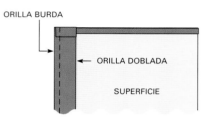

ORILLA BURDA

ORILLA DOBLADA

SUPERFICIE

Sujetar el ribete de los lados.

Conforme viaje dentro del mundo del acolchado, por favor tenga en mente que no hay forma definida de hacer una colcha. Cada maestro tiene sus propias técnicas y reglas. Debe exponerse a todos los enfoques y técnicas posibles. Tome cursos. Investigue su gremio de acolchado local. Allí conocerá personas estupendas. Pronto se sentirá cómoda con lo que le funciona. Acuérdese que siempre debe firmar, fechar, y documentar su proyecto en la parte trasera, con un marcador de tinta permanente, diseñado especialmente para tela.

Después de algunos años, cuando sea premiada por su obra maestra, le dará gusto haber conmemorado el día exacto en que fue cautivada por el emocionante y satisfactorio mundo del acolchado.

Por generaciones, tanto los hombres como las mujeres, han compartido una pasión por el acolchado. Todos empezamos en el mismo lugar, por lo tanto no debemos sentirnos intimidados por la falta de experiencia. Eso solo significa que tendrá más oportunidades para desarrollar sus habilidades. ¡Bienvenidos al maravilloso mundo del acolchado! Hasta que nos veamos (¡y los que acolchamos viajamos mucho!), ¡Felices horas de acolchado!

Alex Anderson, *Artesana de Acolchado*

Colcha de Barda de Carril

Esta colcha colgante mide 41$\frac{1}{2}$ x 41$\frac{1}{2}$ pulgadas
y se compone de veinticinco cuadros terminados de Barda de carril.
Acolchado a máquina por Paula Reid.

Colcha de Barda de Carril

Consejos Sobre Telas

La tela del borde me hace recordar días otoñales con hojas girando por doquier en matices deliciosamente amarillos, cafés, verdes y dorados, una tela de enfoque perfecta. Estudiando esta tela para pistas de colores, escogí los verdes, dorados y amarillos para mi trabajo. Los amarillos funcionan como valores de luz. También escogí estampados más sofisticados según dictaba la tela principal. Los resultados son sensacionales para un patrón de acolchado tan sencillo.

> Mire hacia la Madre Naturaleza para inspirarse sobre los colores.

Telas Requeridas

Los requerimientos se basan en telas que miden 42 pulgadas de ancho.

Tela de enfoque: $3/4$ yarda para el borde exterior

Verde: $1/4$ yarda de cada uno de tres diferentes telas para los cuadrados

Herrumbre: $1/4$ yarda de cada uno de tres diferentes telas para los cuadrados

Amarillo: $1/4$ yarda de cada uno de tres diferentes telas para los cuadrados

Estampado: $1/4$ yarda para el borde interior

Ribete: $3/8$ yarda

Forro: $1^1/4$ yarda

Por favor lea el capítulo sobre Lo Básico empezando con la página 9 antes de comenzar.

Barda de Carril

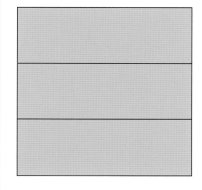

Bloque de Barda de Carril

Corte

De cada uno de las nueve telas: corte dos tiras de $2^1/2$ x 42 pulgadas (páginas 9–10).

Uniendo y Planchando

1. Cosa cada una de las tres tiras amarillas para formar una sola tira de $6^1/2$ pulgadas de ancho (página 12). Haga dos Conjuntos de tres tiras. Planche como indican las flechas.

Una las tiras y planche.

2. Repita este proceso con las telas doradas y verdes. Ahora tendrá dos tiras de cada uno de los colores.

3. Recorte las orillas disparejas (página 10).

---

4. Corte cada conjunto cosido en cuadrados de $6^1/2$ pulgadas (páginas 10–11 Cortando Cuadrados). Necesitará 8 cuadrados verdes, 8 amarillos, y 9 dorados.

Corte los Conjuntos.

> Esto se conoce como unión de tiras.

5. Arregle sus cuadros como indica el dibujo. Note que están en formación recta (página 13).

6. Cosa los cuadros en filas. Consulte la página 12 para el planchado.

La superficie de su colcha debe medir $30^1/2$ x $30^1/2$ pulgadas. De ser así, utilice las siguientes instrucciones para cortar y pegar los bordes interiores y exteriores. De no ser así, consulte las paginas 13–14 para saber cómo medir y cortar los bordes para la superficie de su colcha.

Borde Interior

7. Corte dos tiras de $1^1/2$ x $30^1/2$ pulgadas para los bordes de arriba y abajo, y dos tiras de $1^1/2$ x $32^1/2$ pulgadas para los bordes laterales.

8. Cosa los bordes interiores (primero las tiras más cortas de arriba y abajo, y después las más largas). Consulte la página 13 para el planchado.

Borde Exterior

9. Corte dos tiras de 5 x 32^1/$_2$ pulgadas para los bordes de arriba y abajo, y dos tiras de 5 x 41^1/$_2$ pulgadas para los lados.

10. Cosa los bordes interiores (primero las tiras más cortas de arriba y abajo, y después las más largas. Planche.

Eso es, ya sabía que lo podía hacer. Ahora hay que decidir sobre el acolchado y el terminado (páginas 14–19).

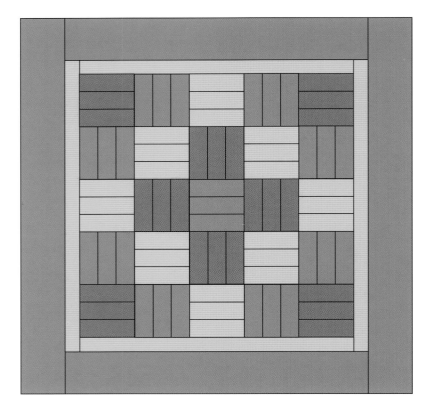

Colcha de Barda de Carril

Colcha de Nueve-Parches Variación

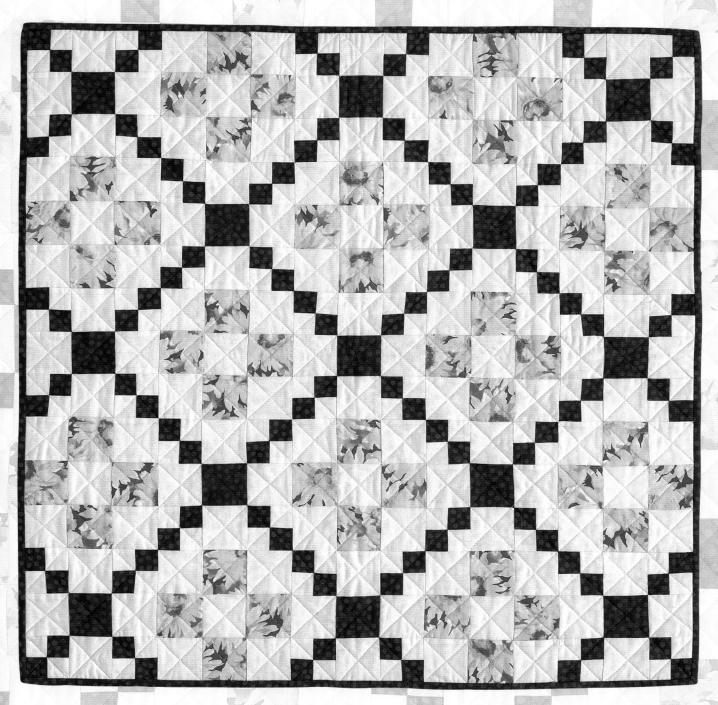

Este colcha colgante mide 30¹⁄₂ x 30¹⁄₂ pulgadas y se compone de doce bloques terminados de
6 pulgadas de Nueve-Parches, y trece bloques terminados de 6 pulgadas de Nueve-Parches Variación.
Acolchado a máquina por Paula Reid.

Colcha de Nueve-Parches Variación

Consejos Sobre Telas

Las colchas de colores azul y amarillo se ven frescas y limpias. Las artesanas de acolchado de hoy en día, prefieren trabajar con una variedad de telas que hace que las colchas se vean como de retacería. Pero que no se nos olvide que tan fabulosamente pueden funcionar tres telas bien escogidas. El azul-violeta y el amarillo son colores complementarios. Cualquier combinación de colores complementarios haría que alguna colcha se vea tan fresca como esta.

> Complementario:
> Dos colores en posición opuesta en la rueda de colores.

Telas Requeridas

Los requerimientos se basan en telas que miden 42 pulgadas de ancho.

Azul-violeta: $^1/_3$ yarda
Amarillo: $^1/_3$ yarda
Blanco: 1 yarda
Ribete: $^1/_3$ yarda
Forro: 1 yarda

Por favor lea el capítulo sobre **Lo Básico** *empezando con la página 9 antes de comenzar.*

Bloques de Nueve-Parches

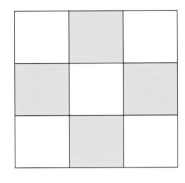

Bloques de Nueve-Parches

Corte

Amarillo: Corte cuatro tiras de $2^1/_2$ x 42 pulgadas (páginas 9–10).
Blanco: Corte cinco tiras de $2^1/_2$ x 42 pulgadas.

Uniendo y Planchando

Planche como indican las flechas (página 12).

1. Conjunto A: Cosa una tira blanca con una tira amarilla uniéndolas por el lado largo. Repita para hacer un segundo conjunto A. Planche.

2. Corte los conjuntos A en 24 segmentos de $2^1/_2$ pulgadas (usando la misma técnica de cortar cuadrados, páginas 10–11).

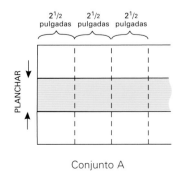

Conjunto A

3. Conjunto B: Cosa una tira amarilla con una tira blanca uniéndolas por el lado largo. Planche.

4. Corte el conjunto B en doce segmentos de $2^1/_2$ pulgadas.

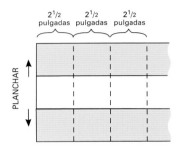

Conjunto B

5. Arregle y cosa los Conjuntos A y B según se indica en el bloque de Nueve-Parches, emparejando las costuras y prendiendo (página 11).

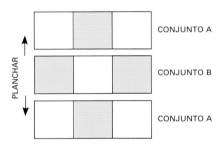

Conjuntos A y B

Bloques de Nueve-Parches Variación Doble

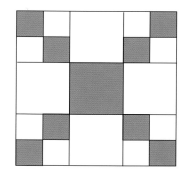

Bloques de Nueve-Parches Variación Doble

Corte

Azul-violeta: Corte cuatro tiras de 1$\frac{1}{2}$ x 42 pulgadas y una tira de 2$\frac{1}{2}$ x 42 pulgadas.

Blanco: Corte cuatro tiras de 1$\frac{1}{2}$ x 42 pulgadas y cuatro tiras de 2$\frac{1}{2}$ x 42 pulgadas.

Uniendo y Planchando

6. Conjunto C: Cosa pares de tiras azul-violeta y blanco de 1$\frac{1}{2}$ pulgadas. Planche como indican las flechas.

7. Corte los conjuntos C en ciento cuatro segmentos de 1$\frac{1}{2}$ pulgadas.

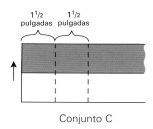

1$\frac{1}{2}$ pulgadas   1$\frac{1}{2}$ pulgadas

Conjunto C

8. Cosa los conjuntos C uniéndolos en pares como indica el dibujo para completar 52 bloques de Cuatro-parches. Planche como indican las flechas.

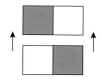

Bloque de Cuatro-Parches

9. De dos de las tiras, corte veintiséis bloques de 2$\frac{1}{2}$ pulgadas.

10. Arregle los bloques de Cuatro-Parches y los bloques blancos como indica el dibujo. Planche.

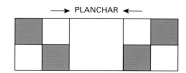

PLANCHAR

Unidad de Conjunto C

11. Conjunto D: Cosa dos tiras blancas y una tira azul-violeta de 2$\frac{1}{2}$ pulgadas como indica el dibujo. Planche. Corte en trece segmentos de 2$\frac{1}{2}$ pulgadas.

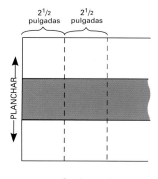

2$\frac{1}{2}$ pulgadas   2$\frac{1}{2}$ pulgadas

PLANCHAR

Conjunto D

Conjunto D

12. Arregle y cosa los conjuntos C y D uniéndolos como indica el dibujo.

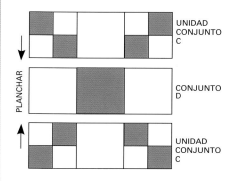

PLANCHAR

UNIDAD CONJUNTO C

CONJUNTO D

UNIDAD CONJUNTO C

Arregle, cosa, y planche.

Esto se conoce como segmentar tiras y usar combinaciones de cuadrados.

13. Arregle sus bloques de Nueve-Parches y de Nueve-Parches Variación Doble como indica el dibujo. Note que están en formación recta.

14. Cosa los bloques en filas y planche. Una y cosa las filas (página 12). Consulte la página 12 para el planchado.

¡Bravo! Espero que le guste su colcha de Nueve-Parches Variación tanto como a mí me gusta la mía. Consulte las páginas 14–19 para información adicional que le ayudará en la terminación de su pequeño tesoro.

Colcha de Nueve-Parches Variación

Colcha de Cabaña de Troncos Variación

Esta colcha mide 36½ x 36½ pulgadas y se compone de
dieciséis bloques de 6 pulgadas de Cabaña de Troncos Variación.
Acolchado a máquina por Paula Reid.

Colcha de Cabaña de Troncos Variación

Consejos Sobre Telas y Diseños

Las colchas conocidas como Cabaña de Troncos son fabulosas. No solo son gráficamente agradables y llenas de simbolismos, sino además son fáciles de hacer. El cuadrado del centro es normalmente de color rojo. Se conoce como la chimenea, que representa el corazón del hogar. Los rectángulos exteriores que rodean la chimenea son los troncos.

Hay diversas variaciones del bloque de Cabaña de Troncos. Típicamente, una mitad de los troncos son de colores claros y la otra mitad son de colores obscuros. El bloque en el que estamos trabajando está descentrado porque tiene números desiguales de troncos claros y obscuros. Las tiras de los troncos están escogidas al azar para que parezca de pedacería.

La tela de este borde fue diseñada por Elly Sienkiewicz, y desde que lo vi supe que sería perfecto para mi colcha de Cabaña de Troncos. Los colores de esta tela reflejan el ambiente de mi hogar. Si está haciendo un proyecto para alguna habitación de su casa, solo tiene que encontrar una tela de enfoque que refleje esos colores y disfrutarlo.

Tela de enfoque—Permite que los colores del estampado principal dicte el aspecto de la colcha.

Telas Requeridas

Los requerimientos se basan en telas que miden 42 pulgadas de ancho.

Estampado: $1^{1}/_{4}$ yardas para los bordes exteriores y los troncos
Rojo: $^{1}/_{3}$ yarda para la chimenea y el ribete
Obscuras: $^{1}/_{4}$ yarda de cada una de cinco telas diferentes (Yo usé la tela del borde para el sexto tronco.)
Claras: $^{1}/_{4}$ yarda de cada una de cuatro telas diferentes
Estampado: $^{1}/_{4}$ yarda para los bordes interiores
Forro: $1^{1}/_{4}$ yardas

Por favor lea el capítulo sobre Lo Básico empezando con la página 9 antes de comenzar.

Cabaña de Troncos Variación

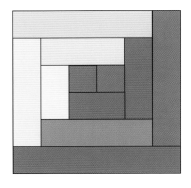

Bloque de Cabaña de Troncos Variación

Corte

Chimenea: Corte una tira de $1^{1}/_{2}$ pulgada. Después corte la misma tira en dieciséis cuadrados de $1^{1}/_{2}$ x $1^{1}/_{2}$ pulgadas.
Troncos obscuros: De cada uno de las telas de color oscuro, corte tres tiras de $1^{1}/_{2}$ x 42 pulgadas.
Troncos claros: De cada uno de las telas de color claro, corte tres tiras de $1^{1}/_{2}$ x 42 pulgadas.

Construcción del Cuadro de la Cabaña de Troncos

Las siguientes instrucciones son para un solo bloque de Cabaña de Troncos.

1. Cosa una tira obscura con un cuadrado rojo de chimenea. Planche como indican las flechas. Usando su cortador giratorio y su regla, recorte las orillas de las tiras al igual que las del cuadrado rojo como indica el dibujo (Conjunto A).

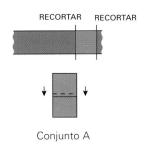

Conjunto A

2. Cosa una tira obscura con el conjunto A. Planche y recorte (Conjunto B).

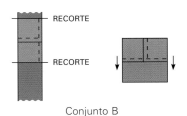

Conjunto B

3. Gire el bloque para que este último tronco cosido esté en la parte de abajo. Cosa una tira clara con el conjunto B. Planche y recorte (Conjunto C).

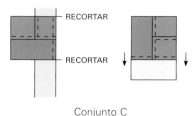

Conjunto C

4. Gire los bloques como en la parte 3. Cosa una tira con el Conjunto C. Planche y recorte (Conjunto D).

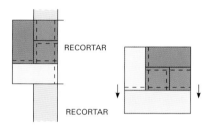

Conjunto D

La clave del bloque Cabaña de Troncos es trabajar en el sentido de las manecillas del reloj, con este patrón en mente: Chimenea, oscuro, oscuro, claro, claro, oscuro, oscuro, claro, claro, oscuro, oscuro. Cosa 16 bloques.

> Siempre debe mantener el tronco anterior hacia abajo.

5. Arregle sus bloques como indica el dibujo. Note que están en formación recta (página 13).

6. Cosa los bloques en filas y planche. Una las filas. Consulte la página 12 para instrucciones de planchado.

La superficie de su colcha debe medir 24$^{1}/_{2}$ x 24$^{1}/_{2}$ pulgadas. De ser así, siga las siguientes instrucciones para cortar y unir los bordes interiores y exteriores. De no ser así, consulte las páginas 13–14 para saber cómo medir y cortar los bordes para la superficie de su colcha.

Borde Interior

7. Corte dos tiras de 1$^{1}/_{2}$ x 24$^{1}/_{2}$ pulgadas para el borde de arriba y el de abajo, y dos tiras de 1$^{1}/_{2}$ x 26$^{1}/_{2}$ para los lados.

8. Cosa los bordes interiores (primero las tiras más cortas de arriba y abajo, después los más largos para los lados). Consulte la página 13 para instrucciones sobre planchado.

Borde Exterior

9. Corte dos tiras de 5$^{1}/_{2}$ x 26$^{1}/_{2}$ pulgadas para el borde de arriba y el de abajo, y dos tiras de 5$^{1}/_{2}$ x 36$^{1}/_{2}$ para los lados.

10. Cosa los bordes exteriores (primero los más cortos de arriba y abajo, y después los más largos para los lados). Planche.

Debido a los movimientos diagonalmente fuertes de los colores, puede obtener diferentes aspectos al solo girar los bloques. Cuando haya terminado todos los bloques, tómese la libertad de jugar con el arreglo antes de unirlos. Tal vez le guste más el arreglo suyo que el mío. Por favor consulte las páginas 14–19 para la terminación de su fabulosa colcha de Cabaña de Troncos.

Colcha de Cabaña de Troncos Variación

Colcha de Estrella de la Amistad

Esta colcha mide 34½ x 36½ pulgadas y se compone de
dieciséis bloques terminados de Estrella de la Amistad.
Acolchado a máquina por Paula Reid.

Colcha de Estrella de la Amistad

Ha llegado la hora de enfrentar los triángulos. La Estrella de la Amistad es básicamente un bloque de Nueve-parches con triángulos formados con la mitad de un cuadrado en las partes de arriba y abajo. Es fácil de trabajar con este tipo de triángulos. Debe tener cuidado porque ahora estará trabajando con orillas diagonales desprotegidas. Debe tener en mente las siguientes dos reglas al trabajar con triángulos:

1. Nunca planche una pieza de tela después de cortar y antes de coserla. Corre el riesgo de que se estiren las orillas desprotegidas que están cortadas al bies.

2. Nunca jale las piezas al coser en la máquina, ya que esto puede estirar la forma. Permita que la máquina haga el trabajo en vez de sus manos

Consejos Sobre las Telas

Me enamoré de una tela que trajo a clase una de mis alumnas. No era una tela que comúnmente se encuentre en una tienda de acolchado, pero no importa. Sabía que sería perfecto para una colcha de estrellas, así que mi nueva amiga me prometió mandarme un pedazo al llegar a casa (¡las artesanas de acolchado son lo máximo!). Cuando recibí la tela, me fui corriendo a la tienda de acolchado para comprar las telas que coordinaban. Está bien buscar en lugares poco comunes para proveerse de telas, solo debe cerciorarse de que el contenido textil sea de algodón 100% y debe entender que si el tejido es más pesado y más denso, como las telas para tapicería, tendrá que acolchar a máquina.

Telas Requeridas

Los requerimientos se basan en telas que miden 42 pulgadas de ancho.

Tela de enfoque: 1 yarda para el borde exterior
Estampados obscuros: $^1/_4$ yarda de cada uno de dos diferentes telas para las estrellas
Estampados claros: $^1/_8$ yarda de cada uno de nueve diferentes telas para el fondo
Tela Rayada #1: $^1/_8$ yarda para las franjas
Tela Rayada #2: $^1/_8$ yarda para el borde interior
Forro: $1^1/_4$ yarda
Ribete: $^3/_8$ yarda

Por favor lea el capitulo sobre Lo Básico empezando con la página 9 antes de comenzar.

Cuadrado de Estrella de la Amistad

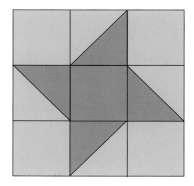

Cuadrado de Estrella de la Amistad

Corte

Los siguientes cálculos son para un solo cuadro de Estrella de la Amistad. Va a necesitar un total de dieciséis estrellas.

Estrella:
Corte un cuadrado de $2^1/_2$ pulgadas para el centro de la estrella.
Corte dos cuadrados de $2^7/_8$ pulgadas, después córtelos a la mitad diagonalmente para formar las puntas.

Fondo:
Corte cuatro cuadrados de $2^1/_2$ pulgadas para las esquinas de los bloques.
Corte dos cuadrados de $2^7/_8$ pulgadas, después córtelos a la mitad diagonalmente para formar el fondo.

Corte Triángulos de Medio Bloque.

Uniendo y Planchando

1. Una un triángulo de estrella a un triángulo de fondo, cosiéndolos por la parte más larga. Planche como indican las flechas.

Puntas de la Estrella

2. Repita este proceso otras tres veces.

3. Arregle y cosa el bloque como indica el dibujo. Planche como indican las flechas. Cosa 16 bloques.

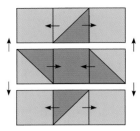

Estrella de la Amistad

4. Arregle sus bloques como indica el siguiente dibujo. Note que están en forma recta (página 13).

5. Cosa juntas las fila de cuatro estrellas teniendo cuidado de emparejar las costuras, y prenda con alfileres. Planche como indican las flechas.

Franja de Tela Rayada #1

6. Sus filas deben medir $24^1/_2$ pulgadas. De ser así, corte dos tiras de $1^1/_2$ x $24^1/_2$ pulgadas. De no ser así, corte las tiras para las franjas según lo largo de su fila.

7. Junte las dos filas franjadas y únalas. Planche como indican las flechas.

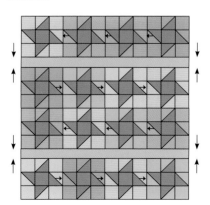

Incorpore las franjas.

La superficie de su colcha debe medir $24^1/_2$ x $26^1/_2$ pulgadas. De ser así, use las siguientes instrucciones para cortar y unir los bordes interiores y los exteriores. De no ser así, consulte las páginas 13–14 para saber como medir y cortar los bordes a las medidas adecuadas para la superficie de su colcha.

Borde Interior

Este colcha es rectangular, así es que para ahorrar tela, los bordes laterales se cosen primero, antes que los bordes de arriba y abajo.

8. Corte cuatro tiras de $1^1/_2$ x $26^1/_2$ pulgadas.

9. Una los bordes interiores a los bloques (cosiendo primero los laterales y después los de arriba y abajo). Consulte la página 13 para el planchado.

Borde Exterior

10. Corte dos tiras de $4^1/_2$ x $28^1/_2$ pulgadas para los lados y dos tiras de $4^1/_2$ x $34^1/_2$ pulgadas para los bordes de arriba y abajo.

11. Cosa los bordes exteriores (primero los laterales más cortos, después los de arriba y abajo). Planche.

¡Bravo! Bienvenido al mundo maravilloso de las estrellas. Son mis preferidas. Ojalá aprenda a quererlas tanto como yo. Ahora es tiempo de acolchar y de terminar su Estrella de la Amistad (páginas 14–19).

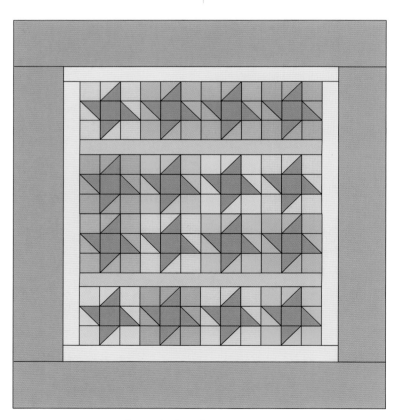

Colcha de Estrella de la Amistad

Colcha de Gansos Voladores

Esta colcha mide 34$\frac{1}{2}$ x 34$\frac{1}{2}$ pulgadas y se compone de
dieciséis cuadros terminados de 6 pulgadas de Gansos Voladores.
Acolchado a máquina por Paula Reid.

Colcha de Gansos Voladores

Cada bloque de Gansos Voladores está compuesto de dos Conjuntos de Gansos Voladores. Se hacen con triángulos de un cuarto de cuadrado, y de triángulos de mitad de cuadrado. Aunque ambos triángulos tienen esquinas de 45°, 45°, y 90°, son muy diferentes. El triángulo de mitad de cuadrado tiene dos orillas en línea con la vena de la tela. El triángulo de cuarto de cuadrado solo tiene una orilla en línea con la vena de la tela.

Esto es muy importante porque al coser le conviene tener la orilla exterior del bloque en línea con la vena de la tela. Esto evita que se estiren innecesariamente las costuras.

Triángulos de mitad y de un cuarto de cuadrado.

Cortando un Triángulo de Mitad de Cuadrado:

Primero corte un cuadrado a la medida indicada, después corte el cuadrado exactamente esquina con esquina. Esto le dará dos triángulos de mitad de cuadrado.

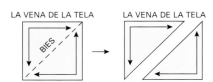

Triángulos de mitad de cuadrado

Cortando un Triángulo de Cuarto de Cuadrado:

Primero corte un cuadrado a la medida indicada, después corte el cuadrado exactamente esquina con esquina dos veces. Esto le dará cuatro triángulos de cuarto de cuadrado.

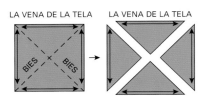

Triángulos de cuarto de cuadrado

La diferencia entre un triángulo de mitad de cuadrado y uno de cuarto de cuadrado es la ubicación de la orilla al bies.

Al trabajar con triángulos debe recordar lo siguiente:
1. Nunca planche la pieza después de cortar y antes de coserla. Corre un gran riesgo de estirar las orillas desprotegidas cortadas al bies.

2. Nunca jale las unidades al coser a máquina, ya que esto puede estirar las piezas. Permita que la máquina haga el trabajo en vez de sus manos.

Consejos Sobre la Tela

Algunas de mis colchas favoritas son antiguas. La edad de una colcha puede reconocerse simplemente por la tela que se usó para coserla. Las de color café y las de color de rosa aparecieron a la mitad de los años 1800, y ofrecen un aspecto histórico muy rico. Si ve alguna colcha antigua que le guste, inspeccione con cuidado los colores y el estilo del estampado que se usó para coserla. Muchas tiendas de acolchado surten reproducciones de estas telas para ayudarnos a alcanzar el aspecto de una colcha antigua usando telas nuevas.

Telas Requeridas

Los requerimientos se basan en telas que miden 42 pulgadas de ancho.

Tela de enfoque: 1 yarda para el borde exterior
Rosa: $^1/_4$ yarda de cada uno de dos telas diferentes
Café: $^1/_4$ yarda de cada uno de dos telas diferentes
Blanco: $^1/_2$ yarda para el fondo
Estampado: $^1/_4$ yarda para el borde interior
Ribete: $^3/_8$ yarda
Forro: $1^1/_4$ yardas

Por favor lea el capítulo sobre Lo Básico empezando con la página 9 antes de comenzar

Gansos Voladores

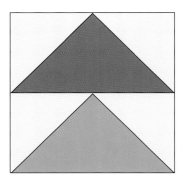

Cuadro de Gansos Voladores

Corte

Rosa: De cada una de las telas rosas, corte dos cuadrados de $7^1/_4$ x $7^1/_4$ pulgadas, después corte a la mitad diagonalmente dos veces. Rinde 16 triángulos de cuarto de cuadrado.

Café: De cada una de las telas cafés, corte dos cuadrados de $7^1/_4$ x $7^1/_4$ pulgadas, después corte a la mitad diagonalmente dos veces. Rinde 16 triángulos de mitad de cuadrado.

Fondo claro: Corte treinta idos cuadrados de $3^7/_8$ x $3^7/_8$ pulgadas, después córtelos a la mitad diagonalmente. Rinde 64 triángulos de mitad de cuadrado.

Uniendo y Planchando

1. Una un triángulo de mitad de cuadrado con uno de cuarto de cuadrado, alineando las esquinas exteriores como indica el dibujo. Planche como indican las flechas.

Las esquinas exteriores deben estar alineadas.

Planchar

2. Repita este proceso para el otro lado. Planche.

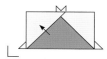

Repita para el otro lado.

3. Recorte las orejas de conejo.

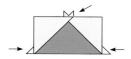

Recorte las orejas de conejo.

4. Haga un arreglo de ocho conjuntos de Gansos Voladores.

5. Cosa los bloques de Gansos Voladores para formar un solo bloque. Cosa y planche los fragmentos como indican las flechas. Repita este proceso para formar cuatro bloques grandes.

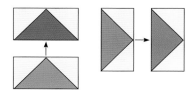

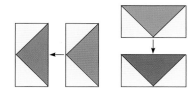

6. Una los bloques en filas y planche. Una las filas (página 13). Consulte la página 13 para el planchado.

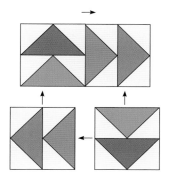

La superficie de su colcha debe medir $24^1/_2$ x $24^1/_2$ pulgadas. De ser así, siga las siguientes instrucciones para cortar y coser los bordes interiores y los exteriores. De no ser así, consulte las páginas 13–14 para saber cómo medir y cortar los bordes a las medidas adecuadas para la superficie de su colcha.

Borde Interior

7. Corte dos tiras de $1^1/_2$ x $24^1/_2$ pulgadas para los bordes de arriba y abajo, y dos tiras de $1^1/_2$ x $26^1/_2$ para los laterales.

8. Cosa los bordes de arriba y abajo, después los laterales. Consulte la página 13 para el planchado.

Borde Exterior

9. Corte dos tiras de $4^{1}/_{2}$ x $26^{1}/_{2}$ pulgadas para los bordes de arriba y abajo, y dos tiras de $4^{1}/_{2}$ x $34^{1}/_{2}$ para los laterales.

10. Cosa los bordes de arriba y abajo, después los laterales. Planche.

¡Ahora llegó la hora de considerar el forro, el acolchado, y el ribete! Consulte las páginas 14–19 como guía. Usará este bloque clásico en muchas colchas que haga en el futuro.

Colcha de Gansos Voladores

Colcha de Muestras

Esta colcha mide 40$\frac{1}{2}$ x 40$\frac{1}{2}$ pulgadas
y contiene veinticinco bloques de 6 pulgadas.
Acolchado a máquina por Paula Reid.

Colcha de Muestras

Cada una de las colchas presentadas en este libro es un excelente proyecto para un principiante. ¡Sin embargo, para una persona que quiera aprender muchas técnicas básicas en un solo proyecto, he creado esta sección de muestras para usted! Las muestras son una manera maravillosa de exponerse a las diferentes técnicas sin comprometerse a un proyecto completo hecho de un solo bloque. Su programa para la clase es simplemente hacer uno de cada uno de los bloques de las colchas colgantes de este libro. Cada bloque le enseña una técnica diferente. Puede hacer cuantas quiera de cada bloque. Este muestrario se compone de veinticinco bloques y es el tamaño perfecto para una colcha colgante. Si quisiera hacer una colcha más grande, simplemente tiene que comprar más tela y hacer más bloques. Es así de fácil.

Por favor lea el capítulo sobre Lo Básico comenzando en la página 9 antes de empezar.

Consejos Sobre Tela

Este estampado floral de colores rojos y verdes, diseñado por Robyn Pandolph, es la tela de enfoque perfecta para trabajar. Escogí once telas que coordinan con ella para hacer el muestrario. Para evitar que la colcha colgante se vea muy navideña, se añadió amarillo. Los resultados fueron mejores de lo

que me pude imaginar. No solo la pude colgar en mi casa durante la temporada navideña, sino también durante todo el año.

Para completar la colcha dibujada tendrá que hacer:
Ocho bloques terminados de
  6 pulgadas de Barda de Carril
Seis bloques terminados de
  6 pulgadas de Nueve-Parches
Dos bloques terminados de
  6 pulgadas de Nueve-Parches Variación
Tres bloques terminados de
  6 pulgadas de Cabaña de Troncos
Tres bloques terminados de
  6 pulgadas de Estrella de la Amistad
Tres bloques terminados de
  6 pulgadas de Gansos Voladores

Telas Requeridas

Los requerimientos se basan en telas que miden 42 pulgadas de ancho.

Tela de enfoque: 1 yarda para el borde exterior
Rojo: ¹/₃ yarda de cada uno de 3 o 4 telas diferentes*
Verde: ¹/₃ yarda de cada uno de 3 o 4 telas diferentes*
Neutrales claros: ¹/₃ yarda de 2 telas diferentes*
Neutrales intermedios a obscuros: ¹/₃ yarda de cada uno de 2 telas diferentes*
*Asegúrese de tener una variedad en el colorido entre claros a obscuros
Estampado: ¹/₄ yarda para el borde interior
Ribete: ³/₈ yarda
Forro: 1¹/₄ yardas

Cortando y Uniendo

Bloques de Barda de Carril
Consulte la página 21 como guía.

1. Corte una tira de 2¹/₂ x 42 pulgadas de cada uno de las tres diferentes telas verdes.

2. Corte un rectángulo de 2¹/₂ x 6¹/₂ pulgadas de cada tira. Aparte las tiras sobrantes para uso posterior.

3. Una las piezas y planche. Haga 3.

4. Repita los pasos 1–3 usando 3 telas neutrales. Haga 3.

5. Repita los pasos 1–3 usando 3 telas rojas. Haga 2.

Bloques de Nueve-Parches
Consulte la página 24 como guía. Note que he cambiado la ubicación de los cuadrados claros y obscuros.

1. Corte cinco cuadrados de 2¹/₂ x 2¹/₂ pulgadas de tela roja.

2. Corte cuatro cuadrados de 2¹/₂ x 2¹/₂ pulgadas de tela neutral clara

3. Una las piezas y planche. Haga 4.

4. Repita los pasos 1–3 usando telas verdes claros y obscuros. Haga 2.

Bloques de Nueve-Parches Variación
Consulte la página 25.

1. Corte una tira de 1¹/₂ x 42 pulgadas de tela neutral claro y una de 1¹/₂ x 42 pulgadas de tela neutral oscuro.

2. Corte ocho cuadrados de 1¹/₂ x 1¹/₂ pulgadas de color neutral oscuro.

3. Corte ocho cuadrados de $1^1/_2$ x $1^1/_2$ pulgadas de color neutral claro.

4. Corte un cuadrado de $2^1/_2$ x $2^1/_2$ pulgadas de color neutral oscuro.

5. Corte cuatro cuadrados de $2^1/_2$ x $2^1/_2$ pulgadas de color neutral claro.

6. Una y planche. Haga 1.

7. Repita los pasos 1–6 usando telas verdes claras y obscuras. Haga 1.

Bloques de Cabaña de Troncos
Consulte las páginas 28–29 como guía.

1. Corte tres cuadrados de $1^1/_2$ x $1^1/_2$ pulgadas de color rojo para las chimeneas.

2. Corte tiras de $1^1/_2$ x 42 pulgadas de una variedad de telas claras y obscuras para los troncos. Puede usar retazos.

3. Una y planche. Haga 3.

Bloques de Estrella de la Amistad
Consulte las páginas 31–32 como guía.

1. Corte un cuadrado de $2^1/_2$ x $2^1/_2$ pulgadas de color neutral claro para el centro de la estrella.

2. Corte dos cuadrados de $2^7/_8$ x $2^7/_8$ pulgadas, después córtelos a la mitad diagonalmente, de esquina a esquina para las puntas de la estrella.

3. Corte cuatro cuadrados de $2^1/_2$ x $2^1/_2$ pulgadas para el fondo.

4. Corte dos cuadrados de $2^7/_8$ x $2^7/_8$ de color rojo, después a la mitad diagonalmente, de esquina a esquina para el fondo.

5. Una y planche. Haga 2.

6. Repita los pasos 1–5 usando colores neutrales de verde claros y obscuros. Haga 1.

Bloques de Gansos Voladores
Consulte la página 35.

1. Corte un cuadrado de $7^1/_4$ x $7^1/_4$ pulgadas de color neutral claro, después corte a la mitad diagonalmente dos veces para obtener el triángulo grande (usará dos y tendrá dos sobrantes).

2. Corte un cuadrado de $3^7/_8$ x $3^7/_8$ pulgadas de color neutral oscuro, después corte a la mitad de esquina a esquina para obtener los triángulos pequeños. Repita este proceso usando tela roja.

3. Una y planche. Haga 1.

4. Repita los pasos 1–3 usando cuatro telas obscuras para los triángulos grandes y cuatro telas claras para los triángulos pequeños. Haga 2 bloques.

Construcción de la Superficie

1. Haga un arreglo con los bloques.

2. Cosa los bloques en filas y planche. Una las filas (página 13). Planche.

La superficie de su colcha debe medir $30^1/_2$ x $30^1/_2$ pulgadas. De ser así, siga las instrucciones siguientes para cortar y coser los bordes interiores y los exteriores. De no ser así, consulte las páginas 13–14 para saber cómo medir

y cortar los bordes de la superficie de su colcha.

Borde Interior

3. Corte dos tiras de $1^1/_2$ x $30^1/_2$ pulgadas para los bordes de arriba y abajo, y dos tiras de $1^1/_2$ x $32^1/_2$ pulgadas para los laterales.

4. Una los bordes interiores (primero los más cortos de arriba y abajo, después los más largos laterales). Planche.

Borde Exterior

5. Corte dos tiras de $4^1/_2$ x $32^1/_2$ pulgadas para los bordes de arriba y abajo, y dos tiras de $4^1/_2$ x $40^1/_2$ para los laterales.

6. Una los bordes exteriores (primero los más cortos de arriba y abajo, después los más largos laterales). Planche.

Consulte las páginas 14–19 como guía para terminar su colcha.

Las colchas de muestras han existido desde el principio de los tiempos del acolchado. Nunca me canso de verlas y aún me gusta hacerlas. Cada una tiene su propio proceso creativo y personalidad.

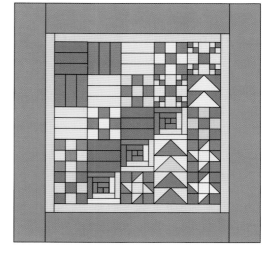

Colcha de Muestras

Sobre la autora

Para Alex Anderson, la pasión para el acolchado empezó en 1978 cuando terminó la colcha llamada el Jardín de la Abuela ("Grandmother's Flower Garden"), como parte de sus estudios para recibirse con un título en arte de la Universidad del Estado de California. A través de los años su enfoque central ha sido el de entender las relaciones con las telas y de un intenso aprecio por los diseños tradicionales de las superficies de las colchas y las colchas de estrellas.

Alex actualmente es la presentadora del programa "Simply Quilts" del canal de televisión de "Home and Garden." Sus colchas han sido expuestas en revistas incluyendo artículos específicos sobre sus obras. Visite su página electrónica "alexandersonquilts.com."

Alex vive en California con su esposo, dos hijos, dos gatos, un perro, una ardilla, un pez, y los desafíos de los aeróbicos "Step" y la vida en el suburbio.

Otros libros por Alex Anderson:

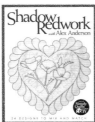

Otros Libros Selectos de C&T Publishing:

250 Continuous-Line Quilting Designs for Hand, Machine & Long-Arm Quilters, Laura Lee Fritz
An Amish Adventure: 2nd Edition, Roberta Horton
The Art of Machine Piecing: Quality Workmanship Through a Colorful Journey, Sally Collins
The Art of Classic Quiltmaking, Harriet Hargrave and Sharyn Craig
Block Magic: Over 50 Fun & Easy Blocks from Squares and Rectangles, Nancy Johnson-Srebro
Color From the Heart: Seven Great Ways to Make Quilts with Colors You Love, Gai Perry
Cotton Candy Quilts: Using Feedsacks, Vintage and Reproduction Fabrics, Mary Mashuta
Cut-Loose Quilts: Stack, Slice, Switch & Sew, Jan Mullen
Diane Phalen Quilts: 10 Projects to Celebrate the Seasons, Diane Phalen
Easy Pieces: Creative Color Play with Two Simple Blocks, Margaret Miller
Fantastic Fabric Folding: Innovative Quilting Projects, Rebecca Wat
Flower Pounding: Quilt Projects for All Ages, Amy Sandrin & Ann Frischkorn
Free Stuff for Quilters on the Internet, 3rd Ed., Judy Heim and Gloria Hansen
Magical Four-Patch and Nine-Patch Quilts, Yvonne Porcella
The New Sampler Quilt, Diana Leone
The Photo Transfer Handbook: Snap It, Print It, Stitch It!, Jean Ray Laury
Quilting Back to Front: Fun & Easy No-Mark Techniques, Larraine Scouler
Quilting with Carol Armstrong: 16 Projects, Appliqué Designs, 30 Quilting Patterns, Carol Armstrong
Quilts for Guys: 15 Fun Projects For Your Favorite Fella
Quilts, Quilts, and More Quilts!, Diana McClun and Laura Nownes
Shadow Quilts: Easy to Design Multiple Image Quilts, Patricia Magaret and Donna Slusser

Para más información pida un catálogo gratuito por escrito:
C&T Publishing, Inc.
P.O. Box 1456
Lafayette, CA 94549
(800) 284-1114
e-mail: ctinfo@ctpub.com
website: www.ctpub.com

Para provisiones para el acolchado:
Cotton Patch Mail Order
3405 Hall Lane, Dept. CTB
Lafayette, CA 94549
(800) 835-4418
(925) 283-7883
e-mail: quiltusa@yahoo.com
website: www.quiltusa.com